COMMENT SÉDUIRE UN HOMME : LES SECRETS POUR L'ENVOÛTER À JAMAIS

Du même auteur

(série « Séduction »)

- Portraits-robots des hommes à éviter : le guide de survie pour les femmes modernes.

Nos ouvrages sont tous disponibles et commandables sur Amazon. Consultez Amazon pour découvrir nos nouveaux livres et d'autres séries.

IANA BELDEKIEV

COMMENT SÉDUIRE UN HOMME : LES SECRETS POUR L'ENVOÛTER À JAMAIS

Édition Août 2023 – Iana BELDEKIEV

Avant-propos

En tant que femme qui sait ce qu'elle veut et qui a appris à envoûter les hommes, je suis ravie de partager avec vous mes secrets pour captiver le cœur et l'esprit de nos compagnons masculins.

La séduction, pour moi, n'est pas seulement une série de techniques, mais une alliance harmonieuse entre la confiance en soi, la compréhension profonde et la connexion authentique. Mon approche se base sur le respect mutuel, la communication sincère et le désir de créer une relation épanouissante. Je crois que chaque femme possède le pouvoir naturel d'attirer et de charmer un homme, et mon objectif est de vous aider à libérer ce potentiel.

Au fil de ce livre, nous allons voir ensemble les divers aspects de la séduction, depuis une confiance en soi irrésistible jusqu'à l'art de maintenir la passion dans une relation durable. Nous plongerons dans la psychologie masculine, décrypterons les signaux et les désirs, et découvrirons comment créer une intimité émotionnelle qui perdurera dans le temps.

Mais la séduction ne se limite pas à une série de stratégies. Elle réside également dans la manière dont vous vous voyez et dont vous interagissez avec le monde qui vous entoure. Vous apprendrez à développer une aura magnétique, à exprimer votre personnalité unique et à embrasser votre féminité avec audace.

Cependant, je tiens à souligner que la séduction ne vise pas à manipuler ou à contrôler autrui. Au contraire, il s'agit d'une invitation à créer des liens authentiques et profonds, fondés sur le respect et la sincérité. Mon approche vous encouragera à vous aimer et à vous valoriser, car c'est cette confiance en vous qui vous rendra véritablement irrésistible. Les techniques de manipulation n'ont pas lieu ici.

Tout au long de ce livre, je vous guiderai avec enthousiasme et expertise pour vous aider à maîtriser l'art subtil et puissant de séduire un homme. Laissez-moi vous montrer comment éveiller le désir, établir une connexion profonde et construire une relation qui vous envoûtera tous les deux, à jamais. Tournez la page pour découvrir les secrets pour captiver l'homme de vos rêves et pour construire une histoire d'amour passionnante et épanouissante.

Chapitre 1

Développer une forte confiance en soi

La confiance en soi est la fondation même de toute séduction réussie. Elle est le reflet de notre estime de nous-mêmes et de notre perception de notre propre valeur. En tant que femme séduisante, je sais que la confiance en soi est une qualité irrésistible qui attire naturellement les hommes vers nous.

Développer une forte confiance en soi commence par une acceptation inconditionnelle de qui nous sommes. Nous devons connaître nos forces, nos qualités uniques et nos accomplissements, aussi modestes soient-ils.

Apprendre à se connaître intimement est une étape cruciale. Nous devons explorer nos passions, nos désirs et nos rêves. En comprenant ce qui nous anime et ce qui nous rend heureuses, nous devenons plus sûres de nous et capables de partager cette énergie positive avec les autres.

Une garde-robe soigneusement choisie peut également contribuer à renforcer notre confiance. Porter des vêtements qui reflètent notre style personnel et mettent en valeur nos atouts physiques peut faire des merveilles pour notre estime de nous-mêmes. En choisissant des tenues qui nous font sentir belles et audacieuses, nous projetons une image de confiance et d'assurance.

Une forte confiance en soi se manifeste également dans notre langage corporel. Une posture droite, des gestes assurés et un contact visuel franc envoient des signaux subtils mais puissants à un homme. Lorsque nous marchons avec grâce et que nous nous tenons fièrement, nous éveillons son intérêt et son admiration.

N'oublions pas que la confiance en soi est un voyage continu. Elle se nourrit de petites victoires et de réalisations personnelles. Lorsque nous sortons de notre zone de confort et relevons de nouveaux défis, nous renforçons notre estime de nous-mêmes et enrichissons notre personnalité.

En fin de compte, une forte confiance en soi est une lumière intérieure qui éclaire notre chemin vers une séduction réussie. Elle est une qualité que nous pouvons développer jour après jour. Elle ne cesse de croître à mesure que nous découvrons notre potentiel illimité en tant que femmes séduisantes.

Chapitre 2

Comprendre les désirs et les attentes masculines

Dès le moment où nous décidons d'explorer l'art de la séduction, il est essentiel de plonger dans l'univers des hommes avec une curiosité authentique et une volonté de comprendre ce qui les motive et les inspire. Pour capturer le cœur d'un homme et l'envoûter à jamais, il est impératif de saisir les désirs et les attentes qui guident ses pensées et ses actions.

Les hommes, tout comme nous les femmes, sont des êtres complexes et diversifiés. Cependant, il existe des tendances générales qui peuvent nous aider à mieux appréhender leurs émotions et leurs aspirations. En adoptant une perspective attentive et en écoutant leurs histoires, nous pouvons révéler les éléments qui créent des liens puissants et durables.

L'un des désirs profonds de nombreux hommes est de se sentir appréciés et admirés. Ils aspirent à être perçus comme des individus exceptionnels et uniques. Leur confiance est souvent renforcée par les éloges sincères et l'attention bienveillante. Pour les envoûter, il est essentiel de montrer un véritable intérêt pour leurs réalisations, leurs rêves et leurs passions.

De plus, les hommes accordent souvent une grande importance à la connexion émotionnelle et à la compréhension mutuelle. Ils désirent un espace où ils peuvent partager leurs pensées les plus profondes sans jugement ni critique. En établissant un climat de confiance et en écoutant activement ce qu'ils ont à dire, nous pouvons tisser des liens qui transcendent les barrières émotionnelles.

La quête de l'aventure et de l'excitation est également un trait commun parmi les hommes. Ils sont attirés par des expériences nouvelles et stimulantes qui les sortent de leur routine quotidienne. Lorsque nous proposons des activités créatives et palpitantes, nous nourrissons leur désir d'évasion et de découverte, ce qui renforce notre capacité à les captiver.

Toutefois, il est crucial de noter que chaque homme est unique, avec des aspirations personnelles et des perspectives variées. Pour cela, il est essentiel de prendre le temps de les connaître individuellement et de créer des connexions personnalisées basées sur une compréhension profonde de leurs désirs.

Chaque homme est un livre ouvert qui mérite d'être exploré avec respect et authenticité. En adoptant une approche attentive et en écoutant leurs histoires, nous pouvons accéder aux clés de leur cœur et les envoûter pour toujours.

Chapitre 3

Maîtriser l'art de la communication

La séduction d'un homme repose en grande partie sur la communication, un outil puissant qui permet de tisser des liens profonds et significatifs avec un homme. Maîtriser l'art de la communication est essentiel pour établir une connexion solide et pour l'envoûter à jamais. Cependant, la communication ne se limite pas aux mots que nous utilisons ; elle englobe également nos expressions, nos gestes et notre capacité à écouter.

Lorsque nous interagissons avec un homme, il est crucial de nous exprimer d'une manière claire et confiante. Les mots que nous choisissons doivent refléter notre authenticité et notre intérêt sincère. Évitez les discours compliqués ou artificiels, et privilégiez une approche directe et honnête. Lorsque vous exprimez vos sentiments et vos pensées de manière transparente, vous créez un espace où l'homme se sentira à l'aise pour faire de même.

Cependant, la communication va au-delà des mots. Notre langage corporel et nos expressions faciales jouent un rôle essentiel dans la manière dont nous sommes perçues. Un sourire chaleureux, un regard complice et une posture ouverte peuvent envoyer des signaux positifs et attirants. Veillez à maintenir un contact visuel lors de vos conversations, car cela témoigne de votre intérêt et de votre engagement.

L'écoute active est une compétence cruciale pour toute séductrice. Lorsque vous accordez toute votre attention à ce que dit l'homme, vous montrez votre respect pour ses pensées et ses opinions. Posez des questions ouvertes qui encouragent une discussion approfondie et permettent de mieux le connaître. Évitez les interruptions et les distractions, car elles peuvent entraver la connexion émotionnelle que vous tentez de créer.

Un autre aspect essentiel de la communication est la capacité à lire les signaux et les indices subtils que l'homme envoie. Soyez attentive aux changements d'expression, aux gestes et aux réactions émotionnelles. Cela vous aidera à ajuster votre propre comportement et à créer une atmosphère de confort et de compréhension mutuelle.

En maîtrisant l'art de la communication, vous serez en mesure d'envoûter un homme à jamais. Votre capacité à vous exprimer clairement, à utiliser un langage corporel positif et à écouter activement créera une connexion profonde et authentique. Souvenez-vous toujours que la communication est le pont qui relie deux âmes et que, en utilisant ce pont avec habileté, vous pouvez construire une relation solide et durable.

Chapitre 4

Utiliser le langage corporel pour attirer et captiver

Lorsqu'il s'agit de séduire un homme et de le captiver à jamais, le langage corporel joue un rôle essentiel. Votre corps parle sans même prononcer un mot, et il peut transmettre des messages puissants et subtils qui éveillent l'intérêt et l'attirance. Maîtriser l'art du langage corporel vous permettra de communiquer des émotions, de montrer de la confiance et de créer une connexion authentique.

1. Un regard envoûtant : vos yeux ont le pouvoir de transmettre des émotions profondes. Lorsque vous regardez un homme dans les yeux, maintenez un contact visuel doux et soutenu. Évitez de le fixer intensément, ce qui pourrait le mettre mal à l'aise. Un regard séduisant et enjôleur peut révéler votre intérêt tout en gardant un certain mystère.

2. Un sourire irrésistible : un sourire chaleureux et sincère peut allumer une étincelle instantanée. Lorsque vous souriez, vos lèvres et vos yeux devraient refléter votre joie intérieure. Un sourire subtil, accompagné d'un regard taquin, peut également éveiller la curiosité et susciter un intérêt plus profond.

3. Une posture confiante : tenez-vous droite avec les épaules légèrement reculées pour afficher une posture confiante. Évitez de croiser les bras, car cela peut sembler fermé ou défensif. Une posture ouverte et détendue vous permettra de paraître accessible et prête à engager une conversation.

4. Les gestes subtils : vos gestes peuvent révéler votre état d'esprit et votre intérêt. Utilisez des gestes doux et fluides pour accompagner vos paroles. Touchez subtilement votre propre bras ou jouez avec un bijou pour attirer l'attention vers des zones spécifiques de votre corps.

5. La proximité physique : lorsque vous interagissez avec un homme, rapprochez-vous légèrement pour créer une proximité physique. Cela peut augmenter l'intimité émotionnelle et créer une atmosphère propice à la connexion. Assurez-vous cependant de respecter sa zone de confort.

6. Des mouvements captivants : votre façon de bouger peut également être captivante. Marchez avec grâce et confiance, en faisant preuve de légèreté et d'assurance. Des mouvements fluides et naturels témoignent de votre confiance en vous et peuvent attirer les regards.

7. Une écoute active : lorsque vous engagez une conversation, montrez que vous êtes intéressée en inclinant légèrement la tête et en écoutant attentivement. Réagissez aux points qu'il aborde et posez des questions pertinentes pour encourager la discussion.

8. Le toucher : un toucher subtil et bien dosé peut renforcer la connexion. Une touche légère sur le bras ou un contact furtif peuvent créer une intimité physique tout en laissant une part de mystère.

9. Une expression faciale énigmatique : votre visage peut exprimer une gamme d'émotions, de la curiosité à l'enthousiasme en passant par la taquinerie. Apprenez à contrôler vos expressions pour susciter l'intérêt tout en maintenant une part de mystère.

10. Un silence suggestif : parfois le langage corporel le plus puissant est celui du silence. Laissez des moments de silence pendant la conversation pour créer de l'anticipation et laisser place à une tension séduisante.

En utilisant, avec finesse et naturel, ces techniques du langage corporel vous pouvez envoyer des signaux subtils qui captivent et enchantent un homme. Le langage corporel crée une connexion profonde et intime qui peut s'avérer irrésistible et contribuer à forger des liens durables.

Chapitre 5

Créer une première impression inoubliable

La première impression que vous laissez sur un homme peut jouer un rôle décisif dans la manière dont il vous percevra. C'est un instant crucial où vous avez l'opportunité de captiver son attention et de susciter son intérêt. Pour créer une première impression inoubliable, suivez ces conseils qui vous permettront de vous présenter sous votre meilleur jour.

1. Une confiance absolue : lorsque vous entrez dans une pièce, affichez une confiance qui attire les regards. Tenez-vous droite, la tête haute, et marchez avec une démarche gracieuse. Une posture confiante envoie un signal puissant et positif.

2. Un sourire accueillant : un sourire chaleureux et sincère est une arme puissante. Lorsque vous rencontrez un homme pour la première fois, souriez-lui doucement. Un sourire authentique transmet une énergie positive et crée une atmosphère détendue.

3. Un contact visuel confiant : lorsque vos regards se croisent, maintenez un contact visuel doux et soutenu pendant quelques instants. Évitez de regarder ailleurs

de manière nerveuse. Un contact visuel confiant peut créer une connexion instantanée.

4. Une tenue élégante : choisissez une tenue qui reflète votre style et qui met en valeur vos atouts. Évitez d'en faire trop, mais optez pour une tenue qui vous fait sentir belle et à l'aise dans votre peau.

5. Une conversation intéressante : lorsque vous engagez la conversation, posez des questions ouvertes et montrez un véritable intérêt pour ce qu'il dit. Écoutez activement et répondez avec enthousiasme, en partageant également vos propres idées.

6. Une écoute active : Montrez que vous êtes attentive à ce qu'il dit en inclinant légèrement la tête et en posant des questions pertinentes. Une écoute active crée une connexion profonde et montre que vous appréciez sa compagnie.

7. Un charme subtil : utilisez un langage subtil et charmant pour taquiner et susciter son intérêt. L'humour peut être une excellente façon de créer une ambiance légère et agréable.

8. Une assurance douce : lorsque vous parlez, faites-le avec assurance mais sans arrogance. Exprimez-vous avec clarté et montrez que vous avez des opinions et des intérêts passionnants.

9. Un parfum envoûtant : un parfum délicat peut laisser une empreinte olfactive agréable. Choisissez un parfum qui correspond à votre personnalité et appliquez-en une petite quantité.

10. La légèreté et la joie : créez une ambiance positive en étant joyeuse et en partageant des moments légers. Laissez transparaître votre côté enjoué et amusez-vous dans la conversation.

Rappelez-vous que la première impression n'est qu'un aperçu de qui vous êtes. Restez authentique et ouverte, et laissez transparaître votre personnalité unique. Une première impression inoubliable peut semer les graines d'une connexion profonde et durable.

Chapitre 6

Utiliser subtilement votre charme pour créer une connexion

Le charme est une arme puissante dans l'arsenal de la séduction. Utilisé subtilement il constitue une manière délicate et élégante de créer une connexion profonde avec un homme, en laissant une empreinte durable dans son esprit. Utilisez ces astuces pour maîtriser subtilement l'art du charme et pour tisser des liens authentiques.

1. Un regard énigmatique : les yeux sont les fenêtres de l'âme, alors utilisez-les pour transmettre des émotions et des intentions. Lorsque vous le regardez, ajoutez une touche de mystère en soutenant son regard pendant un instant de plus que d'habitude.

2. Un sourire complice : créez une complicité en souriant d'un air complice lorsque vous partagez des moments intimes. Un sourire qui semble partager un secret crée une connexion instantanée.

3. Un toucher léger : un toucher subtil et placé adroitement peut envoyer des frissons le long de son échine.

Touchez son bras légèrement lors d'une conversation animée ou effleurez sa main de manière délicate.

4. Un langage corporel invitant : utilisez des gestes ouverts et accueillants pour montrer que vous êtes à l'aise en sa présence. Inclinez-vous légèrement vers lui pour montrer que vous êtes investie dans la conversation.

5. Des compliments doux et subtils : laissez échapper des compliments doux et sincères de manière décontractée. Remarquez des détails subtils comme sa tenue ou son sourire et faites-lui savoir que vous les appréciez.

6. La taquinerie : taquinez-le gentiment pour créer une dynamique ludique entre vous. Utilisez des remarques légères et amusantes qui montrent que vous êtes à l'aise pour être vous-même.

7. Des conversations énigmatiques : Engagez-vous dans des conversations qui suscitent la réflexion et l'introspection. Parlez de sujets profonds qui permettent de découvrir vos pensées les plus intimes.

8. Une écoute empathique : montrez que vous êtes attentive à ce qu'il dit en posant des questions qui démontrent votre intérêt pour sa vie et ses expériences.

9. Une disponibilité mesurée : laissez entrevoir votre disponibilité émotionnelle tout en gardant une part de mystère. Évitez de tout révéler d'emblée, laissant ainsi la curiosité s'installer.

10. Un humour attirant : utilisez l'humour pour créer une connexion légère et amusante. Partagez des blagues subtiles ou des anecdotes drôles qui égayent vos échanges.

Le charme utilisé subtilement demande un équilibre entre la révélation et la retenue. En utilisant ces astuces avec parcimonie, vous créerez une connexion profonde et authentique qui éveillera son intérêt et le laissera intrigué. Souvenez-vous, la clé réside dans la subtilité et l'élégance, car c'est souvent ce qui laisse les souvenirs les plus durables.

Chapitre 7

L'importance de l'écoute active et de la compréhension

L'écoute active est une compétence précieuse dans l'art de la séduction d'un homme, car elle montre à quel point vous êtes authentiquement intéressée par ce qu'il a à dire. Comprendre ses pensées, émotions et expériences est un moyen puissant de créer un lien profond et significatif. Voici comment maîtriser l'art de l'écoute active et de la compréhension :

1. Se concentrer pleinement : lorsque vous engagez une conversation avec un homme mettez de côté toutes les distractions et concentrez-vous pleinement sur ce qu'il dit. Évitez de regarder ailleurs ou de consulter votre téléphone, ce qui montrerait un manque d'intérêt.

2. Faire preuve d'empathie : mettez-vous à sa place en écoutant activement ses expériences et ses émotions. Montrez que vous comprenez ses sentiments en hochant la tête et en offrant des commentaires réfléchis.

3. Poser des questions ouvertes : encouragez-le à s'ouvrir en posant des questions ouvertes qui invitent à

des réponses détaillées. Évitez les questions fermées qui ne nécessitent que des réponses courtes.

4. Répéter et reformuler : répétez de temps en temps ce qu'il vient de dire en utilisant vos propres mots. Cela montre que vous êtes véritablement attentive et que vous cherchez à bien comprendre.

5. Laisser des moments de silence : ne vous sentez pas obligée de remplir chaque espace avec des paroles. Laissez des moments de silence pour lui permettre de réfléchir et d'exprimer ses pensées plus profondes.

6. Éviter les jugements : suspendez tout jugement ou interprétation précoce de ce qu'il dit. L'écoute active consiste à recevoir ses paroles avec ouverture, même si vous ne partagez pas toujours le même point de vue.

7. Montrer de l'encouragement : utilisez des signaux non verbaux tels que des sourires chaleureux, des hochements de tête et des regards attentionnés pour montrer que vous appréciez sa conversation.

8. Valider ses émotions : montrez que vous comprenez et validez ses émotions, même si vous ne pouvez pas toujours résoudre ses problèmes. Parfois, savoir qu'il est écouté et compris est en soi un grand soutien.

9. Éviter les distractions mentales : évitez de vous perdre dans vos propres pensées pendant qu'il parle. Restez présent mentalement pour saisir chaque nuance de ce qu'il partage.

10. S'investir émotionnellement : montrez que vous êtes prête à vous investir émotionnellement dans la conversation. Partagez vos propres expériences similaires pour montrer que vous êtes authentiquement connectée.

L'écoute active et la compréhension montrent que vous êtes non seulement une communicatrice attentive, mais aussi une personne compatissante. En prenant le temps de réellement écouter et de comprendre ses pensées et ses émotions, vous créerez un lien profond basé sur le respect mutuel et la confiance.

Chapitre 8

Faire preuve d'empathie et de compréhension

L'empathie et la compréhension sont des clés essentielles pour séduire un homme et créer un lien émotionnel solide. Lorsque vous montrez que vous êtes véritablement connectée à ses émotions et à son vécu, vous créez un espace de confiance et de proximité. Voici comment cultiver l'empathie et la compréhension :

1. Se mettre à sa place : essayez de vous mettre à sa place et de ressentir ce qu'il ressent. Imaginez-vous dans ses chaussures pour mieux comprendre ses émotions et ses motivations.

2. Écouter sans juger : pratiquez une écoute sans jugement, où vous recevez ses paroles sans sauter à des conclusions hâtives. Laissez-le s'ouvrir en toute confiance.

3. Valider ses émotions : montrez que vous comprenez et acceptez ses émotions, même si vous ne partagez pas toujours le même point de vue. La validation renforce le lien émotionnel.

4. Poser des questions profondes : allez au-delà des sujets superficiels en posant des questions qui révèlent ses pensées et sentiments profonds. Cela montre que vous êtes intéressée par sa personne authentique.

5. Partager vos expériences : ouvrez-vous et partagez vos propres expériences et émotions. Cela crée un espace d'intimité mutuelle et montre que vous êtes prête à être vulnérable.

6. Offrir un soutien émotionnel : soyez là pour lui lorsque les choses sont difficiles. Offrez un soutien émotionnel en l'écoutant et en lui montrant que vous êtes une épaule sur laquelle il peut s'appuyer.

7. Être dans le moment présent : lorsque vous êtes ensemble, soyez totalement dans le moment présent. Évitez les distractions et les préoccupations extérieures.

8. Utiliser des marques d'affection : les gestes doux et les marques d'affection, comme tenir sa main ou lui donner un câlin, montrent que vous êtes connectée à un niveau émotionnel.

9. Analyser les indices émotionnels : soyez attentive aux signaux émotionnels subtils qu'il peut émettre. Ces indices peuvent vous aider à mieux comprendre ses sentiments intérieurs.

10. Exprimer votre soutien : dites-lui explicitement que vous êtes là pour lui et que vous appréciez sa confiance. Votre expression de soutien renforce le lien émotionnel.

L'empathie et la compréhension créent une connexion profonde entre une femme et un homme. Lorsqu'un homme sait qu'il peut partager ses pensées les plus intimes avec vous sans être jugé, il se sentira en sécurité et valorisé. Une telle connexion émotionnelle est le fondement d'une relation épanouissante et durable.

Chapitre 9

Dévoiler progressivement votre côté mystérieux

Le mystère exerce une fascination puissante sur l'esprit humain, et dévoiler progressivement votre côté mystérieux peut être une arme secrète dans l'art de la séduction. Tout comme les pages d'un roman captivant, vous pouvez révéler vos facettes les plus intrigantes au fil du temps. Voici comment créer cet effet envoûtant :

1. Une ombre de mystère : au départ, révélez des détails intéressants sur votre vie sans tout dévoiler d'un coup. Laissez planer une aura de mystère en partageant des histoires intrigantes.

2. Éveillez sa curiosité : attisez sa curiosité en parlant de passions et d'expériences qui suscitent des questions. N'hésitez pas à laisser des indices sur vos centres d'intérêt les plus intrigants.

3. Partagez des rêves et des aspirations : parlez de vos rêves et de vos aspirations à long terme. Cela montre que vous avez une vision pour l'avenir et ouvre la porte à des conversations plus profondes.

4. Énigmes et devinettes : jouez à des jeux d'énigmes ou de devinettes amusants. Cela ajoute une touche ludique à votre relation tout en alimentant l'aura mystérieuse.

5. Des révélations graduelles : peu à peu, partagez des pans de votre passé ou des moments clés de votre vie. Cette révélation graduelle crée un sentiment d'intimité croissante.

6. Un regard prolongé : lorsque vous vous regardez dans les yeux, maintenez son regard un peu plus longtemps que d'habitude. Le contact visuel prolongé peut renforcer le mystère et l'intensité.

7. Créez des moments inoubliables : organisez des sorties ou des expériences uniques qui laissent une impression durable. Ces moments spéciaux resteront gravés dans son esprit.

8. Une poussée émotionnelle : évoquez des émotions profondes et authentiques lorsque vous partagez des anecdotes. Cela renforce la connexion émotionnelle tout en conservant une part de mystère.

9. Un sourire énigmatique : utilisez un sourire énigmatique de temps en temps, laissant deviner qu'il y a plus à découvrir derrière ce sourire charmant.

10. Laissez planer des questions : posez des questions qui suscitent la réflexion et encouragent des réponses plus profondes. Cela permet de sonder les couches cachées de sa personnalité.

Dévoiler progressivement votre côté mystérieux crée un sentiment d'intrigue et de désir. En cultivant une aura de mystère, vous gardez l'attention de votre homme captivée et l'encouragez à explorer chaque aspect fascinant de votre personnalité. C'est un moyen puissant de créer une connexion profonde et de maintenir la flamme de la séduction brûlante.

Chapitre 10

Éveiller l'intérêt par des conversations stimulantes

Les conversations sont une porte d'entrée vers l'esprit d'une personne, et maîtriser l'art des discussions stimulantes peut vous permettre de capturer l'intérêt et l'attention de cet homme spécial. Voici comment éveiller son intérêt grâce à des conversations mémorables :

1. Exploration des passions : découvrez ses passions et intérêts. Posez des questions ouvertes pour en apprendre davantage sur ce qui le passionne et montrez un réel intérêt pour ses réponses.

2. Des débats amicaux : engagez des débats légers et amicaux sur des sujets intéressants. Respectez les opinions différentes et profitez de l'occasion pour apprendre l'un de l'autre.

3 Des anecdotes intrigantes : partagez des anecdotes et des histoires captivantes de votre propre vie. Les récits personnels peuvent établir une connexion profonde et susciter son intérêt.

4. L'humour intelligent : utilisez l'humour pour alléger l'atmosphère et rendre les conversations plus agréables. Un rire partagé peut renforcer la complicité entre vous.

5. Des sujets communs : identifiez des sujets d'intérêt mutuel, comme des films, des livres ou des destinations de voyage. Parler de passions communes renforce votre lien.

6. Attisez la curiosité : posez des questions intrigantes qui stimulent sa réflexion. Laissez planer un certain mystère pour l'inciter à en savoir plus sur vous.

7. Partagez des intérêts : abordez des sujets plus profonds, comme les valeurs, les croyances et les rêves. Échanger vos intérêts peut renforcer la compréhension mutuelle.

8. Parlez d'avenir : discutez de vos projets d'avenir et de vos aspirations. Cela montre que vous êtes orientée vers l'avenir et que vous avez des objectifs.

9. Écoute active : montrez que vous êtes attentive à ce qu'il dit en écoutant activement et en posant des questions pertinentes. Cela crée une connexion profonde.

10. Racontez des histoires imaginatives : partagez des histoires inventées ou imaginez des scénarios créatifs ensemble. Cela peut être une manière amusante d'explorer vos esprits curieux.

Les conversations stimulantes créent un lien émotionnel et intellectuel. En partageant des idées, des rêves et des expériences, vous renforcez la connexion avec cet homme et suscitez son intérêt à chaque mot prononcé. L'art de la discussion peut devenir une source d'épanouissement mutuel, vous rapprochant davantage à chaque échange.

Chapitre 11

Maîtriser l'art du flirt

Le flirt peut créer une atmosphère légère et pleine d'excitation entre vous et l'homme que vous souhaitez séduire. Maîtriser l'art du flirt peut ouvrir la voie à une connexion plus profonde. Voici comment éveiller votre côté joueur et charmeur :

1. Des sourires complices : lancez-lui des sourires complices et mystérieux. Un sourire peut transmettre bien plus que des mots et susciter instantanément une connexion.

2. Des taquineries amicales : plaisantez de manière légère et amicale. Évitez les taquineries trop personnelles et assurez-vous que cela reste divertissant pour tous les deux.

3. Le pouvoir des yeux : utilisez le contact visuel pour créer une tension sexy. Un regard prolongé peut exprimer l'attraction et susciter son désir.

4. Jeux de mots malicieux : jouez avec les mots et créez des jeux de mots malicieux. Cela peut être une façon amusante de montrer votre esprit vif.

5. Des défis drôles : lancez-lui des défis amusants, comme deviner des énigmes ou relever des petits défis. Cela ajoute une touche de compétition ludique.

6. Des compliments subtils : faites-lui des compliments subtils et uniques. Mettez en avant ses qualités d'une manière qui montre que vous êtes attentive.

7. Des boutades complices : créez des blagues et des boutades qui ne sont compréhensibles que pour vous deux. Cela renforce le sentiment d'intimité.

8. Des touchers légers : utilisez des touchers légers et décontractés pour renforcer la connexion physique. Une touche subtile peut transmettre beaucoup.

9. Des rires partagés : riez ensemble et partagez des moments de joie. Le rire crée une ambiance positive et détendue.

10. Des rendez-vous insouciants : organisez des rendez-vous ludiques, comme des sorties au parc, des jeux ou des activités créatives. Cela montre votre côté aventureux.

Le flirt crée une atmosphère légère et excitante qui permet à votre connexion de s'épanouir. Cela montre que vous êtes à l'aise avec vous-même et que vous appréciez le moment présent. Laissez votre charme naturel briller à travers des interactions espiègles et amusantes, et observez comment cela approfondit votre relation avec cet homme.

Chapitre 12

Créer une complicité émotionnelle authentique

La complicité émotionnelle est le fondement d'une relation solide et profonde. C'est le lien qui vous relie à un niveau plus intime et qui vous permet de vous comprendre mutuellement. Voici comment créer une complicité émotionnelle authentique avec l'homme que vous désirez :

1. Partager vos histoires : racontez-vous vos expériences de vie, vos rêves et vos aspirations. En partageant vos histoires, vous créez un lien basé sur la confiance et la vulnérabilité.

2. Écoute active : soyez attentive lorsque vous écoutez. Montrez de l'intérêt sincère pour ce qu'il dit et posez des questions pour approfondir la conversation.

3. Exprimer vos sentiments : communiquez ouvertement vos émotions. Exprimez ce que vous ressentez et encouragez-le à faire de même.

4. Empathie et soutien : soyez empathique et offrez votre soutien lorsqu'il partage ses défis et ses joies. Votre compréhension renforcera votre lien émotionnel.

5. Passer du temps de qualité : partagez des moments intimes et significatifs ensemble. Les expériences partagées créent des souvenirs spéciaux.

6. Créer des rituels : établissez des rituels ou des activités que vous faites régulièrement ensemble. Cela renforce votre connexion et crée un sentiment de prévisibilité.

7. Respecter les différences : soyez ouverte aux différences et aux opinions de chacun. La complicité authentique vient de la compréhension mutuelle malgré les divergences.

8. Partager des passions : découvrez les intérêts communs et encouragez-vous mutuellement à poursuivre vos passions individuelles.

9. Rire ensemble : le rire est un lien puissant. Partagez des moments drôles et légèrement embarrassants pour créer des souvenirs joyeux.

10. Faire preuve de patience : la complicité émotionnelle se développe avec le temps. Soyez patiente et laissez la connexion se renforcer naturellement.

Créer une complicité émotionnelle authentique demande de l'ouverture, de l'écoute active et du respect mutuel. Lorsque vous vous engagez dans une relation basée sur une connexion émotionnelle profonde, vous construisez une base solide pour une relation épanouissante et durable avec l'homme qui vous fascine.

Chapitre 13

Gérer les défis et les désaccords avec tact

Dans toute relation, il est inévitable de rencontrer des défis et des désaccords. La clé réside dans la manière dont vous les abordez et les surmontez ensemble. Voici comment gérer ces situations avec tact pour maintenir une connexion solide et durable :

1. La communication ouverte : abordez les problèmes dès qu'ils se présentent. Une communication ouverte permet de résoudre les malentendus avant qu'ils ne deviennent des conflits majeurs.

2. L'écoute active : lorsque des désaccords surviennent, écoutez activement son point de vue et exprimez le vôtre de manière respectueuse.

3. Trouver des solutions ensemble : travaillez ensemble pour trouver des solutions qui conviennent aux deux parties. Mettez l'accent sur la collaboration plutôt que sur la victoire.

4. Garder le respect mutuel : même en cas de désaccord, maintenez le respect mutuel. Évitez les attaques personnelles et les critiques destructives.

5. Prendre du recul : parfois, prendre du recul et laisser passer un peu de temps peut permettre de voir les choses avec plus de clarté et de calme.

6. Choisir vos batailles : tous les désaccords ne méritent pas une confrontation. Évaluez l'importance de la situation et choisissez vos batailles avec soin.

7. Utiliser l'humour : parfois, une touche d'humour peut désamorcer une situation tendue et ouvrir la voie à une discussion plus constructive.

8. Exprimer vos besoins : soyez claire sur vos besoins et vos attentes, mais soyez également à l'écoute des siens.

9. Un compromis équilibré : trouver un terrain d'entente qui donne satisfaction à chacun est essentiel pour résoudre les désaccords.

10. Apprendre de l'expérience : chaque désaccord peut être une opportunité d'apprendre et de grandir en tant que couple. Utilisez ces moments pour renforcer votre relation.

Gérer les défis et les désaccords avec tact nécessite une approche réfléchie et mature. En faisant preuve de compréhension, de respect et de communication ouverte, vous pouvez transformer les situations difficiles en opportunités de renforcer votre lien avec l'homme que vous cherchez à séduire.

Chapitre 14

Maintenir la passion et l'excitation dans la relation

La passion et l'excitation sont des éléments essentiels d'une relation florissante. Voici comment entretenir ces sentiments et les cultiver au fil du temps :

1. Surprendre et innover : introduisez régulièrement des éléments nouveaux et surprenants dans votre relation. Des gestes simples, comme organiser une soirée surprise ou lui écrire des messages coquins, peuvent raviver l'excitation.

2. Préserver l'indépendance : tout en partageant votre vie, gardez une certaine indépendance. Conservez vos propres activités et intérêts pour nourrir votre individualité et garder la flamme de l'attraction.

3. La communication ouverte : exprimez ouvertement vos désirs et fantasmes. Une communication honnête et non-jugement est essentielle pour maintenir la connexion émotionnelle et physique.

4. Créer des moments intimes : planifiez des moments intimes et romantiques réguliers, que ce soit une soirée à la maison ou une escapade romantique.

5. Éveiller les sens : explorez les différentes facettes de l'intimité physique pour maintenir la passion. Soyez attentives à ce qui excite votre partenaire et partagez vos propres désirs.

6. Apprendre et grandir ensemble : participez à des activités qui vous permettent de grandir en tant que couple. Que ce soit en prenant un cours ensemble ou en partant à l'aventure, ces expériences renforceront votre lien.

7. Rire et s'amuser : ne sous-estimez pas le pouvoir du rire. Partagez des moments amusants et légers pour maintenir une atmosphère joyeuse.

8. Faire preuve de reconnaissance : montrez votre gratitude et votre appréciation envers votre partenaire. Les petits gestes de reconnaissance renforcent le sentiment d'amour et de connexion.

9. Entretenir le flirt : ne cessez jamais de flirter. Jouez avec le langage corporel, les regards complices et les messages suggestifs pour maintenir l'excitation.

10. Écouter et évoluer : soyez à l'écoute des désirs et des besoins changeants de votre partenaire. Évoluez ensemble pour continuer à satisfaire les aspirations de chacun.

11. Casser la routine : évitez la monotonie en apportant des changements à votre routine quotidienne. Cela peut être aussi simple que d'explorer de nouveaux endroits pour vos sorties.

12 Exercices physiques : l'exercice physique libère des endorphines, ce qui peut contribuer à maintenir la passion et à réduire le stress.

13. Planifier des projets communs : avoir des objectifs et des projets communs renforce la connexion en travaillant ensemble vers un avenir excitant.

14. Célébrer les moments spéciaux : célébrez les jalons importants de votre relation, comme les anniversaires et les réussites, pour créer des souvenirs précieux.

Maintenir la passion et l'excitation dans une relation demande un investissement continu. En accordant une attention constante à votre lien émotionnel et physique, vous créerez une relation profondément épanouissante et stimulante.

Chapitre 15

Naviguer dans l'ère du numérique et des rencontres en ligne

À l'ère numérique, les rencontres en ligne sont devenues une partie intégrante de la vie moderne. Voici comment aborder cette nouvelle façon de séduire avec succès :

1. Créer un profil authentique : votre profil en ligne doit refléter qui vous êtes vraiment. Utilisez des photos récentes et écrivez une description captivante qui met en valeur vos intérêts et votre personnalité.

2. Choisir des plateformes appropriées : il existe une variété de plateformes de rencontres en ligne. Choisissez celles qui correspondent le mieux à vos intentions et à votre personnalité.

3. Engager la conversation : initiez la conversation de manière intéressante et authentique. Posez des questions ouvertes pour encourager des échanges significatifs.

4. Faire preuve de patience : ne vous précipitez pas dans la séduction en ligne. Prenez le temps de vous connaître avant de passer à l'étape suivante.

5. Maintenir la confiance en ligne : restez vigilante et faites confiance à votre instinct. Évitez de partager des informations personnelles sensibles trop rapidement.

6. Planifier la rencontre en personne : l'objectif des rencontres en ligne est souvent de rencontrer en personne. Planifiez soigneusement votre première rencontre dans un lieu public.

7. Utiliser l'humour et l'originalité : l'humour et la créativité se démarquent en ligne. Utilisez-les pour montrer votre personnalité unique.

8. S'adapter à la communication en ligne : la communication en ligne peut être différente de celle en personne. Soyez attentive aux indices subtils et au ton des messages.

9. Gérer les attentes : les rencontres en ligne peuvent être délicates. Assurez-vous d'avoir des attentes réalistes et de ne pas idéaliser la personne avant de la rencontrer.

10. La sécurité avant tout : priorisez votre sécurité en ligne. Ne partagez pas d'informations personnelles et signalez toute activité suspecte.

11. Maintenir l'intérêt : entretenez l'intérêt mutuel en partageant des histoires intéressantes et en montrant votre curiosité envers l'autre.

12. Créer une connexion émotionnelle : utilisez les conversations en ligne pour établir une connexion émotionnelle avant la rencontre en personne.

13. Planifier des rencontres créatives : lorsque vous vous sentez à l'aise, planifiez des rencontres originales qui reflètent vos intérêts communs.

14. Révéler votre mystère : progressivement, partagez des détails plus personnels pour cultiver une connexion plus profonde.

Les rencontres en ligne offrent de nouvelles possibilités de séduction, mais elles nécessitent également prudence et patience. En naviguant avec habileté dans le monde numérique, vous pouvez créer des liens significatifs qui se traduiront dans le monde réel.

Chapitre 16

Développer une intimité émotionnelle profonde

Lorsqu'il s'agit de séduire un homme et de construire une connexion significative, le développement d'une intimité émotionnelle profonde est essentiel. Voici comment y parvenir :

1. Écouter avec empathie : soyez attentive lorsque votre homme parle de ses émotions, de ses rêves et de ses préoccupations. Montrez-lui que vous êtes là pour le soutenir et le comprendre.

2. Partager vos propres émotions : ouvrez-vous à propos de vos propres sentiments et expériences. Cela crée un sentiment de réciprocité et d'intimité.

3. Créer un espace de confiance : assurez-vous que votre homme se sent en sécurité pour exprimer ses pensées les plus profondes et vulnérables en votre présence.

4. Développer des conversations profondes : abordez des sujets significatifs, tels que les aspirations, les valeurs et les croyances, pour établir une connexion profonde.

5. Favoriser la compréhension mutuelle : apprenez à connaître les expériences de vie de votre homme et montrez-lui que vous vous souciez vraiment de ce qu'il ressent.

6. Montrer de la gratitude : exprimez votre gratitude pour sa présence dans votre vie et soulignez ce que vous admirez chez lui.

7. Être présente dans les moments clés : soutenez-le lors de moments importants, qu'ils soient joyeux ou difficiles. Votre soutien renforcera votre lien émotionnel.

8. Partager des activités significatives : participez à des activités qui ont une signification particulière pour vous deux. Cela renforcera vos liens et créera des souvenirs uniques.

9. Évoluer ensemble : identifiez des objectifs communs et encouragez-vous mutuellement à poursuivre la croissance personnelle et professionnelle.

10. Célébrer les victoires et les étapes : soyez présente pour célébrer les réussites de votre homme, qu'elles soient grandes ou petites.

11. Gérer les conflits avec maturité : les désaccords font partie de toute relation. Apprenez à résoudre les conflits avec respect et à tirer des leçons de chaque expérience.

12. Partager des moments de vulnérabilité : ouvrez-vous sur vos peurs et vos insécurités, ce qui renforcera votre lien d'intimité.

13. Créer des rituels conjoints : instaurez des rituels ou des traditions spéciales qui renforcent votre connexion et donnent un sens à votre relation.

14. Offrir un soutien inconditionnel : soyez là pour votre homme dans les hauts et les bas de la vie, et montrez-lui que votre soutien est inconditionnel.

15. Exprimer votre amour : n'hésitez pas à exprimer régulièrement vos sentiments d'amour et d'affection. Votre sincérité renforcera le lien émotionnel entre vous.

En développant une intimité émotionnelle profonde, vous créez un espace où votre homme se sentira véritablement compris, accepté et aimé. Cela établira une base solide pour une relation épanouissante et durable.

Chapitre 17

Créer des souvenirs mémorables et spéciaux

La création de souvenirs mémorables et spéciaux est une étape essentielle pour séduire un homme et construire une relation durable. Ces moments partagés renforceront votre lien et laisseront une empreinte durable dans son cœur. Voici comment créer des souvenirs qui dureront toute une vie :

1. Planifier des expériences uniques : optez pour des activités inédites qui sortent de l'ordinaire, comme une aventure en plein air, une visite culturelle ou une journée de détente dans un lieu spécial.

2. Surprendre agréablement : organisez des surprises romantiques, comme un dîner aux chandelles à la maison ou un week-end surprise dans un endroit qu'il aime.

3. Fêter les occasions spéciales : célébrez les anniversaires, les réussites professionnelles et autres événements importants avec enthousiasme et attention.

4. Partager des hobbies : recherchez des activités que vous aimez tous les deux, comme la cuisine, la

danse ou les sports, et consacrez du temps à les explorer ensemble.

5. Voyager et découvrir : partez en escapades pour explorer de nouveaux endroits, des villes voisines aux destinations exotiques. Les voyages créent des souvenirs intenses.

6. Capturer les moments : prenez des photos et des vidéos pour immortaliser vos expériences. Revoir ces souvenirs ravivera les émotions que vous avez partagées.

7. Organiser des dîners romantiques : préparez un dîner romantique à la maison ou réservez une table dans un restaurant élégant pour des soirées intimes.

8. Créer des habitudes agréables : instaurez des habitudes spéciales, comme des soirées cinéma à domicile le vendredi soir ou des promenades du dimanche matin.

9. Participer à des événements culturels : assistez à des concerts, des pièces de théâtre, des expositions d'art ou d'autres événements culturels pour enrichir votre expérience ensemble.

10. Pratiquer une communication sincère : partagez vos émotions, vos pensées et vos rêves les plus profonds pour créer des liens authentiques.

11. Créer des moments de réflexion : trouvez du temps pour discuter des moments passés ensemble et exprimer ce que vous avez apprécié et appris.

12. Surmonter les défis ensemble : les moments difficiles peuvent également devenir des souvenirs précieux lorsque vous les surmontez en équipe.

13. Rire ensemble : partagez des moments de rire et de joie qui renforceront votre complicité.

14. Offrir des cadeaux significatifs : choisissez des cadeaux qui ont une signification personnelle, ce qui montrera que vous le comprenez et que vous vous souciez de lui.

15. Évoquer les souvenirs : parlez des souvenirs passés, faites des références à des moments spéciaux et revivez ces expériences ensemble.

La création de souvenirs mémorables est une façon puissante de construire une relation solide et d'alimenter le feu de l'amour. Ces moments partagés renforceront le lien entre vous et feront de chaque instant passé ensemble une expérience précieuse et unique.

Chapitre 18

Équilibrer pouvoir et égalité dans la relation

Dans le jeu subtil de la séduction, il est crucial d'équilibrer le pouvoir et de cultiver une égalité saine dans la relation. Laissez-moi vous guider à travers des conseils pour maintenir une dynamique positive et respectueuse avec l'homme que vous souhaitez envoûter :

1. Développer la confiance en soi : avant de pouvoir équilibrer le pouvoir dans la relation, il est essentiel d'avoir confiance en vous-même et de reconnaître votre propre valeur.

2. Pratiquer l'écoute active : donnez-lui l'espace nécessaire pour s'exprimer et soyez attentivement à l'écoute de ce qu'il dit. Montrez-lui que son opinion compte.

3. Favoriser une communication ouverte : encouragez les conversations franches et honnêtes où les deux parties peuvent partager leurs pensées, leurs préoccupations et leurs désirs.

4. Prendre des décisions ensemble : impliquez-le dans la prise de décisions, qu'il s'agisse de plans de

week-end, de projets futurs ou d'autres aspects de la vie.

5. Reconnaître les qualités de chacun : valorisez et reconnaissez les compétences, les talents et les réussites de chacun, créant ainsi une appréciation mutuelle.

6. Partager les responsabilités : que ce soit dans les tâches ménagères, les projets ou les décisions, partagez les responsabilités de manière équitable.

7. Respecter les espaces personnels : respectez les moments où il a besoin de son propre espace et encouragez votre propre temps pour préserver l'individualité.

8. Soutenir les objectifs personnels : encouragez et soutenez ses objectifs personnels et professionnels, tout comme vous aimeriez qu'il le fasse pour vous.

9. Résoudre les conflits avec respect : lorsque des désaccords surgissent, abordez-les avec calme et respect mutuel, en cherchant des solutions ensemble.

10. Partager les plaisirs et les loisirs : explorez ensemble des activités qui vous passionnent tous les deux, créant ainsi des moments de complicité.

11. S'enrichir mutuellement : apprenez l'un de l'autre en partageant des connaissances, des intérêts et des expériences de vie.

12. Faire preuve de patience : respectez les rythmes et les timings de chacun, donnant à la relation l'occasion de se développer naturellement.

13. Reconnaître les sentiments : lorsque l'un de vous exprime ses émotions, prenez le temps de comprendre et de reconnaître ces sentiments.

14. Éviter les jeux de pouvoir : laissez de côté les jeux de manipulation ou de contrôle et privilégiez une communication ouverte et sincère.

15. Évoluer ensemble : la croissance individuelle et collective est essentielle pour maintenir l'équilibre et favoriser une relation saine.

Trouver l'équilibre entre le pouvoir et l'égalité dans une relation est une démarche délicate, mais essentielle pour créer une base solide. En respectant et en valorisant les contributions mutuelles, vous construirez une relation enrichissante et épanouissante avec l'homme que vous souhaitez envoûter à jamais.

Chapitre 19

Prendre des décisions pour l'avenir de la relation

Alors que votre histoire de séduction se transforme en une relation solide et épanouissante, il est crucial de prendre des décisions éclairées pour l'avenir de cette union. Voici quelques conseils pour naviguer avec succès dans cette étape charnière :

1. Une vision commune : discutez ouvertement de vos aspirations et de vos rêves à long terme, et identifiez les domaines où vos visions convergent.

2. Établir des objectifs : fixez des objectifs clairs pour la relation, tant sur le plan individuel que collectif, pour favoriser une croissance harmonieuse.

3. Maintenir la communication : continuez à entretenir une communication ouverte et honnête sur vos attentes et vos désirs pour l'avenir.

4. Considérer vos valeurs fondamentales : assurez-vous que vos valeurs et vos principes fondamentaux sont compatibles, car ils forment la base de votre relation.

5. Adaptabilité : restez ouverts à l'adaptabilité et à l'évolution des circonstances, car la vie réserve souvent des surprises.

6. Prendre du temps : ne vous précipitez pas dans les décisions majeures. Prenez le temps de bien réfléchir et de peser les options.

7. Projet de vie : discutez de vos projets futurs, qu'il s'agisse de fonder une famille, de voyager ou de construire une carrière, pour garantir que vous êtes sur la même longueur d'onde.

8. Plan financier : abordez la question financière avec ouverture et honnêteté, car elle a un impact sur la stabilité de votre avenir commun.

9. Gestion des défis : préparez-vous mentalement à faire face aux défis qui pourraient surgir et discutez des moyens de les surmonter ensemble.

10. Respecter les rêves individuels : bien que vous planifiiez en tant que couple, continuez à soutenir les rêves personnels de chacun.

11. Créer des moments spéciaux : intégrez des moments spéciaux dans vos plans pour renforcer la relation et créer des souvenirs précieux.

12. Faire preuve de souplesse : soyez prêts à faire des compromis pour parvenir à des décisions mutuellement bénéfiques.

13. Vivre au présent : bien que la planification soit importante, n'oubliez pas de vivre pleinement le présent et d'apprécier chaque étape.

14. Réajuster en cours de route : il est tout à fait normal de réajuster vos plans à mesure que la relation évolue et que de nouvelles opportunités se présentent.

15. Émotions et rationalité : en prenant des décisions pour l'avenir, tâchez de trouver un équilibre entre les émotions et la rationalité.

Chaque décision que vous prenez contribue à façonner votre avenir commun. En tenant compte de ces conseils et en abordant cette étape avec une réflexion mûrie et une communication sincère, vous créerez une base solide pour une relation florissante et épanouissante.

Chapitre 20

Comprendre les différentes personnalités masculines

Pour séduire avec succès un homme et créer un lien authentique, il est essentiel de reconnaître et de comprendre les différentes personnalités masculines qui peuplent le monde. Chaque homme est unique, avec ses propres désirs, besoins et préférences. En tant que femme sûre d'elle et désireuse de conquérir le cœur de votre homme, il est essentiel de développer une sensibilité et une intuition pour décoder les signaux subtils qui émanent de sa personnalité.

1. L'homme aventureux : il est avide de nouvelles expériences et d'excitation. Pour le séduire, proposez-lui des aventures inoubliables et des défis stimulants. Montrez-lui que vous êtes prête à l'accompagner dans ses escapades audacieuses.

2. L'homme protecteur : il a un instinct naturel pour prendre soin de ceux qui l'entourent. Montrez-lui que vous appréciez sa force et sa présence rassurante. Laissez-le prendre soin de vous de temps en temps, tout en montrant votre propre indépendance.

3. L’homme créatif : son esprit artistique est sa passion. Valorisez ses talents créatifs et partagez des moments inspirants avec lui. Encouragez-le à s’exprimer librement et à explorer son imagination.

4. L’homme intellectuel : il est fasciné par la connaissance et la réflexion profonde. Engagez-vous dans des conversations intellectuellement stimulantes et montrez un intérêt sincère pour ses idées et ses opinions.

5. L’homme affectueux : son cœur est empli de tendresse et d’amour. Exprimez vos sentiments avec douceur et montrez-lui que vous appréciez sa nature aimante. Les gestes tendres et les moments intimes renforceront votre connexion émotionnelle.

6. L’homme aventurier : il est toujours à la recherche de nouvelles découvertes et d’expériences enrichissantes. Proposez-lui des activités excitantes et partagez vos propres aventures pour créer des souvenirs inoubliables.

7. L’homme rationnel : sa logique guide ses choix et ses actions. Évitez les drames inutiles et privilégiez des discussions calmes et rationnelles pour résoudre les conflits et établir une communication solide.

8. L’homme ambitieux : il a des objectifs élevés et travaille dur pour les atteindre. Encouragez ses ambitions et montrez-lui que vous êtes sa plus grande partisane. Partagez vos propres aspirations pour construire une relation où vous vous soutenez mutuellement.

9. L'homme spirituel : sa connexion avec le spirituel est profonde et significative. Respectez et valorisez ses croyances, et engagez-vous dans des discussions spirituelles qui nourrissent son âme.

10. L'homme sensible : ses émotions sont intenses et profondes. Soyez à l'écoute de ses sentiments et montrez-lui que vous comprenez et appréciez sa sensibilité.

Pour conquérir le cœur de l'homme que vous désirez, prenez le temps de découvrir les différentes facettes de sa personnalité. Cela vous permettra de tisser des liens significatifs et de créer une connexion profonde et durable. Rappelez-vous, chaque homme est une énigme fascinante qui attend d'être découverte et appréciée par une femme confiante et attentionnée.

Chapitre 21

Utiliser l'humour pour charmer et séduire

L'humour est un outil puissant dans l'arsenal de séduction d'une femme confiante et charmante. Savoir manier l'humour avec finesse et élégance peut non seulement créer des moments mémorables, mais aussi établir une connexion émotionnelle plus profonde avec l'homme que vous convoitez. L'humour permet de briser la glace, de détendre l'atmosphère et de susciter des émotions positives, ce qui peut jouer un rôle essentiel dans l'établissement d'une relation solide.

1. Des plaisanteries légères et subtiles : optez pour des plaisanteries légères et subtiles qui suscitent le sourire sans offenser. Une pointe d'humour bien placée peut créer une ambiance décontractée, où vous partagez des rires complices.

2. Un charme malicieux : utilisez un charme malicieux pour taquiner gentiment l'homme qui vous intéresse. Montrez-lui que vous avez un esprit vif et joueur, capable de créer des moments d'échange joyeux.

3. L'auto-dérision : n'hésitez pas à rire de vous-même de temps en temps. Cela démontre que vous êtes

à l'aise avec votre personnalité et que vous ne prenez pas la vie trop au sérieux.

4. L'humour partagé : découvrez ses goûts humoristiques et partagez des anecdotes amusantes. Un humour commun crée une connexion instantanée et renforce le lien entre vous.

5. Les jeux de mots : jouez avec les mots et créez des jeux de mots amusants. L'utilisation créative du langage peut ajouter une touche ludique à vos conversations.

6. L'observation pertinente : faites preuve d'observation en remarquant les petits détails et en les transformant en moments drôles. Cela montre que vous accordez de l'attention à ce qui l'entoure.

7. L'humour léger en ligne : si vous échangez en ligne, les emojis et les gif humoristiques peuvent ajouter une touche de légèreté à vos messages, créant ainsi une atmosphère joyeuse.

8. L'humour dans les moments intimes : même dans des moments plus intimes, l'humour peut être un moyen de renforcer votre connexion. Des taquineries subtiles peuvent ajouter de la complicité et du jeu à votre relation.

9. Éviter l'humour blessant : faites preuve de discernement en évitant l'humour qui pourrait blesser ou offenser. L'objectif est de créer des moments de joie, pas de causer de la détresse.

L'humour est une forme d'expression qui permet de montrer votre personnalité pétillante et charmante. Il peut éclairer une journée morne, détourner l'attention de moments tendus et créer des souvenirs joyeux. En sachant utiliser l'humour de manière appropriée, vous pouvez charmer et séduire l'homme que vous désirez tout en créant une atmosphère de complicité et de légèreté qui renforcera votre connexion émotionnelle.

Chapitre 22

Révéler votre vulnérabilité pour renforcer le lien

La vulnérabilité est souvent perçue comme une faiblesse, mais en réalité, c'est une force puissante qui peut renforcer les liens émotionnels entre deux personnes. En tant que femme séduisante, savoir quand et comment révéler votre vulnérabilité peut créer une connexion profonde et authentique avec l'homme que vous souhaitez charmer.

1. Une authenticité émotionnelle : partager vos sentiments et vos expériences montre que vous êtes ouverte et honnête dans la relation. Cela encourage également votre homme à faire de même.

2. Écoute empathique : être à l'écoute de ses propres émotions et des siennes favorise une compréhension mutuelle. Écoutez activement et montrez que vous êtes disposée à le comprendre.

3. Confiance mutuelle : révéler votre vulnérabilité demande une confiance mutuelle. En partageant vos pensées et vos craintes, vous créez un espace sûr où vous pouvez vous soutenir mutuellement.

4. Partager des expériences difficiles : raconter des moments difficiles de votre vie peut montrer que vous avez surmonté des épreuves et que vous êtes une personne résiliente.

5. Accepter vos propres imperfections : admettre vos imperfections permet à votre homme de se sentir accepté tel qu'il est, encourageant ainsi une acceptation mutuelle.

6. Éviter les jugements : en partageant vos vulnérabilités, évitez les jugements hâtifs. Soyez ouverte et réceptive à ses confidences également.

7. La vulnérabilité en ligne : même dans les échanges en ligne, vous pouvez montrer votre vulnérabilité en partageant des réflexions profondes et en exprimant vos sentiments.

8. Soutenir sa vulnérabilité : lorsqu'il se montre vulnérable à son tour, offrez-lui un soutien attentif et respectueux. Montrez que vous appréciez son ouverture.

9. Renforcer les liens : révéler sa vulnérabilité crée des opportunités pour renforcer les liens émotionnels. Les moments partagés de vulnérabilité peuvent devenir des souvenirs spéciaux qui renforcent votre connexion.

10. Une connexion plus profonde : la vulnérabilité peut rapprocher deux personnes en créant une connexion émotionnelle profonde et en encourageant une intimité authentique.

En révélant votre vulnérabilité de manière appropriée et respectueuse, vous ouvrez la porte à une relation plus profonde et plus significative. Montrer vos côtés sensibles peut encourager votre homme à vous faire confiance et à partager ses propres sentiments. En fin de compte, cela peut créer un lien émotionnel fort et durable, renforçant ainsi l'attraction et l'enchantement que vous exercez sur lui.

Chapitre 23

Maîtriser l'art de la surprise et de la séduction spontanée

La routine peut parfois étouffer la passion et l'excitation dans une relation. En tant que femme séduisante, apprendre à surprendre votre homme avec des gestes spontanés peut raviver la flamme de l'attirance et créer des moments mémorables qui renforcent votre lien.

1. L'élément de surprise : les surprises inattendues suscitent l'enthousiasme et montrent votre créativité. Préparez des moments spéciaux qui le surprendront agréablement.

2. Garder la flamme vivante : les gestes spontanés maintiennent la passion vivante. Organisez des rendez-vous surprises ou offrez-lui des petites attentions pour maintenir l'excitation.

3. La magie des petits gestes : ce ne sont pas toujours les grands gestes qui comptent le plus. Parfois, une note douce ou un geste affectueux peuvent avoir un impact énorme.

4. Écouter ses désirs : surprenez-le en répondant à ses désirs non exprimés. Anticipez ses besoins et créez des moments qui lui montrent que vous vous souciez de son bonheur.

5. La séduction au quotidien : intégrez la séduction dans votre routine quotidienne. Un regard complice ou un sourire coquin peuvent éveiller son intérêt à tout moment.

6. La surprise comme langage d'amour : identifiez son langage d'amour et utilisez la surprise pour exprimer votre affection. Cela peut renforcer votre connexion émotionnelle.

7. Laisser libre cours à la créativité : laissez votre créativité s'exprimer en organisant des dates uniques ou en concoctant des surprises originales.

8. Sortir de votre zone de confort : les surprises vous permettent d'explorer de nouveaux terrains émotionnels ensemble et d'approfondir votre relation.

9. Des souvenirs inoubliables : les moments de surprise et de séduction spontanée créent des souvenirs mémorables qui renforcent votre lien et alimentent votre connexion.

10. Équilibre entre spontanéité et attente : trouvez l'équilibre entre la spontanéité et le respect de ses attentes. Les surprises ne doivent pas être prévisibles, mais elles ne doivent pas non plus perturber ses habitudes.

L'art de la surprise et de la séduction spontanée peut être une arme puissante dans votre arsenal de séduction. En gardant la flamme de l'excitation et de l'attraction allumée, vous maintenez la relation fraîche et passionnante. Les moments inattendus que vous créez ensemble renforcent la complicité et renouvellent le désir, tout en témoignant de votre dévouement à charmer et à enchanter votre homme pour toujours.

Chapitre 24

Entretenir une communication passionnée et érotique

La communication joue un rôle essentiel dans toute relation amoureuse, mais lorsque vous souhaitez envoûter un homme pour toujours, il est crucial de cultiver une communication passionnée et érotique qui stimule son esprit et éveille ses désirs. Il est temps de mettre votre homme dans un grand état d'excitation. Voici comment :

1. Exciter ses sens avec votre parole : utilisez des mots choisis avec soin pour susciter des images mentales érotiques et des émotions intenses.

2. L'art du double sens : maîtrisez l'art de la double signification et des sous-entendus pour maintenir un niveau d'excitation subtil mais puissant.

3. L'échange des fantasmes : explorez vos fantasmes mutuels et partagez-les en toute confiance pour établir une connexion érotique profonde.

4. La voix et l'émotion : lorsque vous parlez, laissez vos émotions transparaître dans votre voix. Cela ajoute une dimension supplémentaire à vos échanges.

5. Le captiver avec vos mots : choisissez des mots qui captivent son imagination et qui sont en accord avec ses désirs.

6. Une écoute active : lorsqu'il parle, écoutez attentivement ses désirs et besoins, et répondez de manière appropriée.

7. L'érotisme dans la distance : si la distance vous sépare, entretenez une communication érotique qui maintient la passion brûlante malgré l'éloignement.

8. Des jeux de mots coquins : jouez avec les mots pour créer un langage coquin et amusant qui vous relie d'une manière unique.

9. Des messages inattendus : envoyez-lui des messages inattendus qui éveillent son désir et qui suscitent son impatience de vous retrouver.

10. La communication non verbale : utilisez également le langage corporel, les regards et les gestes pour renforcer votre communication érotique.

11. La subtilité dans l'érotisme : laissez place à la subtilité pour que l'érotisme soit une source continue d'excitation et de désir.

12. S'adapter à son rythme : apprenez à vous adapter à son rythme et à ses préférences en matière de communication érotique.

13. L'équilibre émotionnel : assurez-vous de ne pas laisser la communication érotique dominer votre relation. L'équilibre entre l'érotisme et d'autres aspects est essentiel.

La communication passionnée et érotique est une façon puissante de renforcer l'intimité et de créer une connexion profonde avec votre homme. En utilisant habilement les mots et en faisant preuve de sensibilité à ses désirs, vous créez un espace où les émotions et la sensualité peuvent s'épanouir. C'est une invitation à explorer ensemble vos désirs et à alimenter une attraction qui perdure, faisant ainsi en sorte que votre relation demeure envoûtante et inoubliable.

Chapitre 25

Inspirer le respect et l'admiration de votre homme

Lorsque vous cherchez à séduire un homme de manière profonde et durable, il est essentiel d'établir un lien basé sur le respect mutuel et l'admiration réciproque. Voici comment susciter son respect et son admiration tout en renforçant votre connexion.

1. Une confiance en soi inébranlable : cultivez une confiance en vous qui rayonne à travers vos actions et vos paroles, ce qui incitera votre homme à vous admirer pour votre assurance.

2 La réalisation de soi : montrez que vous poursuivez vos propres objectifs et aspirations avec détermination, ce qui inspirera son admiration pour votre dévouement.

3. L'indépendance et l'autonomie : démontrez que vous avez une vie épanouissante en dehors de la relation, ce qui suscitera son respect pour votre indépendance.

4. La force intérieure : faites preuve de résilience face aux défis de la vie, ce qui lui montrera votre force intérieure et suscitera son admiration.

5. L'écoute empathique : montrez de l'empathie et de la compréhension lorsque vous l'écoutez, ce qui renforcera son respect pour votre capacité à comprendre ses pensées et ses sentiments.

6. La sagesse et la maturité : prenez des décisions réfléchies et faites preuve de maturité dans vos interactions, ce qui suscitera son admiration pour votre sagesse.

7. L'intelligence émotionnelle : montrez que vous comprenez et maîtrisez vos émotions, ce qui inspirera son respect pour votre intelligence émotionnelle.

8. Une communication claire et honnête : entretenez une communication ouverte et honnête, ce qui renforcera son respect pour votre sincérité.

9. Compassion et altruisme : montrez de la compassion envers les autres et faites preuve d'altruisme, ce qui suscitera son admiration pour votre bienveillance.

10. Appréciation de ses qualités : faites-lui savoir que vous reconnaissez et appréciez ses qualités uniques, ce qui renforcera son estime de lui-même en votre présence.

11 Encouragements sincères : soutenez ses projets et ses rêves avec enthousiasme, ce qui inspirera son respect pour votre soutien inconditionnel.

12 Intégrité et authenticité : montrez que vous agissez en accord avec vos valeurs et votre authenticité, ce qui suscitera son respect pour votre intégrité.

13. La gestion des conflits avec maturité : faites preuve de maturité et de compréhension lors de désaccords, ce qui inspirera son respect pour votre capacité à gérer les conflits.

14. La reconnaissance de ses accomplissements : célébrez ses réussites et ses accomplissements, ce qui renforcera son admiration pour votre positivité et votre support.

15. L'épanouissement personnel : montrez que vous vous efforcez constamment de grandir et de vous améliorer, ce qui suscitera son respect pour votre quête d'épanouissement.

16. Le respect de sa vie privée : montrez que vous respectez sa vie privée et ses limites, ce qui renforcera son respect pour votre considération.

Inspirer le respect et l'admiration de votre homme crée un fondement solide pour une relation durable et épanouissante. En développant ces qualités, vous établissez une dynamique de partenariat basée sur le respect mutuel et l'appréciation réciproque, ce qui renforce le lien qui vous unit et fait de vous une femme exceptionnelle à ses yeux.

Chapitre 26

Faire face aux défis de la jalousie et de l'insécurité

Dans toute relation, il est normal de ressentir des moments de jalousie ou d'insécurité, mais apprendre à gérer ces émotions de manière saine est essentiel pour préserver une connexion solide. Voici comment faire face à la jalousie et à l'insécurité de manière constructive :

1. Une estime de soi inébranlable : avoir une estime de soi solide et inébranlable vous aidera à surmonter les sentiments d'insécurité.

2. Une communication ouverte : parlez ouvertement à votre homme de vos préoccupations et de vos émotions, créant ainsi un espace pour des conversations honnêtes et apaisantes.

3. Une confiance mutuelle : établissez un climat de confiance mutuelle où vous pouvez partager vos inquiétudes sans craindre le jugement.

4. L'affirmation positive : pratiquez l'affirmation positive pour renforcer votre confiance en vous et combattre les pensées négatives d'insécurité.

5. L'auto-réflexion : interrogez-vous sur les origines de vos sentiments d'insécurité, ce qui peut vous aider à les comprendre et à les gérer.

6. Renforcer la connexion émotionnelle : investissez du temps dans la construction d'une connexion émotionnelle profonde avec votre homme pour réduire les sentiments de jalousie.

7. La gestion de la comparaison : évitez de vous comparer à d'autres et concentrez-vous sur vos propres qualités et accomplissements.

8. Le soutien personnel : cherchez un soutien auprès d'amis proches, d'un thérapeute ou d'un mentor pour vous aider à gérer vos émotions.

9. L'empathie réciproque : écoutez les préoccupations de votre homme et montrez de l'empathie. Cela va créer un espace pour une compréhension mutuelle.

10. Une communication régulière : maintenez une communication régulière avec votre homme pour établir un sentiment de proximité et de sécurité.

11. L'exercice de la patience : soyez patiente avec vous-même et avec votre homme pendant que vous travaillez sur vos émotions.

12. La définition des limites : discutez ensemble des limites appropriées pour vous deux afin de réduire les situations susceptibles de déclencher des sentiments d'insécurité.

13. Reconnaissance des réalisations mutuelles : célébrez vos réalisations en tant que couple et soulignez vos forces conjointes.

14. La pratique de la pleine conscience : adoptez la pleine conscience pour rester ancrée dans le moment présent et dissiper les pensées anxieuses.

15. Renforcement du lien émotionnel : renforcez votre lien émotionnel en partageant des moments intimes et en nourrissant vos connexions spirituelles.

16. Reconnaissance des valeurs communes : identifiez et célébrez vos valeurs communes, ce qui renforcera votre sentiment d'unité et de compréhension mutuelle.

Faire face à la jalousie et à l'insécurité exige une dose de patience, d'efforts personnels et de communication ouverte. En travaillant ensemble pour surmonter ces défis, vous renforcez non seulement votre relation, mais vous développez également une base solide de confiance et de compréhension mutuelle.

Chapitre 27

Captiver son cœur par des gestes attentionnés

L'art de captiver le cœur d'un homme repose souvent sur des gestes simples mais profondément significatifs. Les petites attentions peuvent créer un lien émotionnel fort et renforcer votre connexion. Voici comment vous pouvez captiver son cœur par des gestes attentionnés :

1. Des messages doux : envoyez-lui des messages courts mais doux, lui rappelant à quel point vous pensez à lui.

2. Des gestes de bienvenue : accueillez-le chaleureusement lorsque vous le retrouvez, en lui montrant qu'il est important pour vous.

3. Des surprises spontanées : organisez des surprises inattendues, comme un dîner à la maison ou une sortie spéciale, pour créer des moments mémorables.

4. Des cadeaux pensés : offrez-lui des cadeaux réfléchis qui reflètent ses intérêts et ses passions.

5. Des notes manuscrites : écrivez des notes manuscrites pour exprimer vos sentiments et votre gratitude envers lui.

6. La cuisine avec amour : préparez-lui un repas fait maison avec soin et amour, en montrant votre désir de prendre soin de lui.

7. Une écoute active : écoutez attentivement lorsqu'il partage ses pensées et préoccupations, montrant que vous vous souciez de ce qu'il ressent.

8. Des gestes physiques : exprimez votre affection à travers des câlins, des baisers et des touchers tendres.

9. Des rires partagés : partagez des moments de rire et de légèreté, créant ainsi une ambiance positive et joyeuse.

10. Des petits services : proposez votre aide pour des tâches quotidiennes ou des projets, montrant que vous êtes là pour le soutenir.

11. Des compliments sincères : faites-lui des compliments sincères sur ses qualités, ses réalisations et son apparence.

12. Des moments de qualité : accordez-lui une attention exclusive pendant vos moments ensemble, en montrant qu'il est votre priorité.

13. Des marques d'affection en public : montrez-lui votre affection en public, que ce soit en lui tenant la main ou en le câlinant discrètement.

14. La planification des activités : organisez des activités qu'il apprécie et participez-y ensemble pour renforcer vos liens.

15. Un encouragement constant : soutenez-le dans ses projets et ses objectifs, en l'encourageant à poursuivre ses rêves.

16. Des gestes symboliques : choisissez des gestes symboliques qui ont une signification spéciale pour vous deux.

17. L'écoute de ses besoins : soyez attentive à ses besoins et adaptez vos gestes en conséquence pour lui montrer que vous vous souciez.

18. Des gestes de reconnaissance : remerciez-le pour les petites choses qu'il fait pour vous et montrez votre gratitude.

19. La création de souvenirs : organisez des sorties ou des activités qui créent des souvenirs durables et significatifs.

20. La patience : soyez patiente dans vos interactions et dans la construction de votre connexion.

Capter son cœur par des gestes attentionnés nécessite une dose de créativité, d'amour et d'authenticité. En montrant que vous êtes disposée à investir du temps et de l'effort pour créer des moments spéciaux, vous construisez une relation riche en émotions et en sentiments profonds.

Chapitre 28

Développer une relation de confiance profonde et durable

La confiance est l'un des fondements les plus solides d'une relation épanouissante. Lorsque vous construisez une confiance profonde et durable avec un homme, vous établissez un lien puissant qui résiste aux épreuves du temps. Voici comment développer une relation de confiance solide :

1. La transparence : partagez ouvertement vos pensées, sentiments et expériences, en créant un espace de communication honnête.

2. La fiabilité : tenez vos promesses et soyez fiable dans vos engagements, montrant ainsi que vous êtes digne de confiance.

3. L'empathie : comprenez ses émotions et ses préoccupations, en montrant que vous êtes là pour le soutenir et le comprendre.

4. La cohérence : soyez cohérente dans vos actions et vos paroles, créant ainsi un sentiment de stabilité et de sécurité.

5. Le respect mutuel : traitez-le avec respect et considération, en valorisant ses opinions et ses choix.

6. La communication ouverte : encouragez une communication ouverte et constructive, permettant de résoudre les conflits de manière saine.

7. Le partage des responsabilités : partagez les responsabilités et prenez des décisions ensemble, en montrant que vous êtes un partenaire égal.

8. La confidentialité : respectez sa vie privée et partagez des informations sensibles en toute confiance.

9. Acceptation inconditionnelle : acceptez-le tel qu'il est, avec ses qualités et ses défauts, en créant un espace sans jugement.

10. L'intégrité : agissez avec intégrité et honnêteté, en respectant vos valeurs et en inspirant le respect mutuel.

11. La gestion des conflits : abordez les désaccords avec calme et respect, en cherchant des solutions qui conviennent à vous deux.

12. Le soutien inébranlable : soyez présente pour le soutenir dans les moments difficiles, montrant que vous êtes un roc sur lequel il peut compter.

13. La vulnérabilité partagée : partagez vos propres vulnérabilités et préoccupations, en renforçant votre connexion émotionnelle.

14. La communication non violente : pratiquez une communication empathique et non accusatrice pour résoudre les malentendus.

15. La patience : soyez patiente lorsque la confiance se développe, sachant que cela prend du temps et des efforts mutuels.

16. L'encouragement réciproque : encouragez-vous mutuellement dans vos objectifs et vos rêves, en créant un environnement de soutien.

17. Le renforcement positif : mettez en avant les qualités et les réalisations de l'autre, renforçant ainsi l'estime de soi et la confiance.

18. La gestion des attentes : discutez ouvertement de vos attentes et de vos besoins, en créant un terrain d'entente.

19. Adaptabilité : soyez prête à vous adapter aux changements et aux défis de la vie, en montrant que votre relation est flexible et solide.

20. La gratitude : exprimez régulièrement votre gratitude pour sa présence et son soutien dans votre vie.

En développant une relation de confiance profonde et durable, vous créez un espace où chacun peut se sentir en sécurité, aimé et compris. La confiance mutuelle renforce les liens émotionnels et ouvre la voie à une relation épanouissante et significative, capable de surmonter les défis et de grandir au fil du temps.

Chapitre 29

L'art intemporel de séduire et d'enchanter

Tout au long de ce livre, vous avez acquis une compréhension approfondie de la séduction, en apprenant à créer une connexion authentique et significative.

L'art de séduire et d'enchanter n'est pas simplement une série de techniques, mais plutôt une alliance harmonieuse entre l'authenticité, la confiance et la compréhension. Vous avez découvert comment développer une confiance en vous rayonnante, comment comprendre les désirs et les attentes masculines, et comment maîtriser les nuances de la communication efficace. Vous avez appris à utiliser le langage corporel pour attirer et captiver, à créer une première impression inoubliable et à développer une intimité émotionnelle profonde.

En vous plongeant dans les mystères du charme subtil et du flirt ludique, vous avez découvert comment inspirer le respect et l'admiration de votre homme. Vous avez également appris à naviguer dans l'ère numérique et à surmonter les défis de la jalousie et de l'insécurité. Grâce à des gestes attentionnés et des conversations passionnées, vous avez construit une relation de confiance profonde et durable.

Rappelez-vous toujours que l'essence de la séduction réside dans la véritable connexion humaine, basée sur l'écoute, la compréhension et le respect mutuel. Vous avez les clés pour créer une relation épanouissante et équilibrée, où chacun peut s'épanouir et s'épanouir pleinement.

Vous êtes maintenant une séductrice épanouie, capable d'enchanter et de captiver, tout en maintenant votre intégrité et votre authenticité. Chaque relation est une opportunité d'apprendre, de grandir et de partager des moments précieux avec un partenaire qui apprécie votre charme unique.

Table des matières

Printed in France by Amazon
Brétigny-sur-Orge, FR

20543909R00067